NOTICE BIOGRAPHIQUE

sur

JEAN-ANTOINE MARC

Ancien Secrétaire perpétuel de la Société d'Agriculture,
Sciences et Arts de la Haute-Saône,

Par **M. DÉY,**

PRÉSIDENT DE CETTE SOCIÉTÉ.

VESOUL,

TYPOGRAPHIE DE L. SUCHAUX.

—

1860.

EXTRAIT DES MÉMOIRES

DE LA SOCIÉTÉ D'AGRICULTURE, SCIENCES ET ARTS DE LA HAUTE-SAÔNE.

Jean-Antoine **MARC**.

Lorsque l'histoire générale mesure les gloires de ce monde au niveau de l'histoire d'une province, elle érige souvent des avortons en géants; mais aussi, lorsque l'histoire d'une province mesure ses célébrités au niveau de l'histoire générale, elle devient souvent injuste et presque toujours ingrate. Le grand homme laisse ordinairement dans son pays natal peu de traces de sa vie, parce que c'est presque toujours dans un autre centre d'action que s'est exercée son influence. Mais, dans l'histoire d'une ville, d'un département même, le savant modeste, l'homme utile apparaît en quelque sorte comme un bon génie sur toutes les ruines d'un autre âge.

A ce double point de vue, nous venons essayer de faire sortir d'un injuste oubli la mémoire d'un homme de bien qui exerça sur l'activité intellectuelle de la ville de Vesoul, et sur les travaux de la Société d'agriculture, sciences et arts du département de la Haute-Saône, une heureuse et utile influence. Il s'agit de M. MARC, secrétaire perpétuel de cette compagnie.

I.

Jean-Antoine MARC est né à Vesoul le 20 juin 1774, du mariage de Pierre Marc, marchand en cette ville, et d'Etiennette Henry.

Marc fit de solides études au collége de sa ville natale. Il cultiva de bonne heure l'histoire, la littérature, les sciences et les beaux-arts, et, comme un amant généreux, il donna aux

Muses son amour en proportion de la richesse de son cœur, bien plus qu'en proportion de l'amour qu'elles avaient pour lui.

Atteint par la réquisition, il fut envoyé à l'armée du Rhin, où ses talents comme dessinateur le firent bientôt attacher au bureau des ingénieurs géographes. Sa santé était alors fort délicate. Il s'en prévalut, obtint son congé définitif, et revint à Vesoul, suivant le désir de sa mère.

Songeant alors à la nécessité de se créer une carrière, il s'intitula *dessinateur géographe,* attendit la clientèle, et épousa, le 30 prairial an VII, Béatrice Bische, femme douée de douces vertus et de qualités solides, à qui il dut le bonheur de sa vie.

Ses études s'étaient terminées au milieu des agitations révolutionnaires, et son instruction s'achevait à peine quand on décréta l'ignorance universelle. Il s'était introduit alors, dans les discours et dans les écrits, un ton emphatique et déclamatoire, sorte de fièvre de l'esprit, qui jetait la littérature hors des voies naturelles et simples, et à laquelle n'échappèrent guère que les hommes de génie. Marc y paya son tribut.

Au commencement de ce siècle, peu de temps après la réorganisation de l'instruction publique, il succéda à M. Cornu comme professeur de dessin au collége de Vesoul, où il eut pour collègues et pour amis tous les hommes, à la fois aimables et distingués, qui composaient le personnel de cet établissement. C'était le savant bibliographe Peignot, le mathématicien Bobillier, et l'orateur Tribouillet; c'était Boisson, dont on a plusieurs ouvrages estimés, et l'ex-bénédictin dom Roussel, auteur d'un livre excellent intitulé : *l'Art de traduire.*

C'est de ce centre d'activité intellectuelle qu'est née, du reste, la Société d'agriculture, sciences et arts de la Haute-Saône.

Marc savait beaucoup déjà à cette époque, mais il avait surtout la soif ardente d'apprendre et le vif désir d'enseigner, qui caractérisent les hommes d'initiative, beaucoup plus rares et souvent beaucoup plus utiles que les savants d'un ordre supérieur, qui s'isolent dans leurs méditations, et quelquefois dans leur orgueil.

Marc était grand, mince, blond. Il avait le teint coloré, la figure agréable, l'expression douce et souriante. Il était de bonne amitié et d'un commerce facile, malgré quelque opiniâtreté de caractère.

Son premier ouvrage est intitulé : EUTERPILIA, *ou mes bucoliques aux armées*, grand in-8° de 92 pages, an VIII, *en Arcadie*, mais imprimé à Vesoul par l'auteur lui-même; tiré à 18 exemplaires, et accompagné d'une carte géographique d'Italie dessinée et enluminée également par l'auteur.

Vinrent ensuite, presque en même temps, une brochure de 50 pages in-8°, intitulée : ELITE DE QUATRAINS MORAUX, *imités de Pibrac, Du Faur et Mathieu, suivie de maximes et adages tirés de Franklin et des apologues orientaux, pour servir à l'instruction de la jeunesse*, et un ESSAI SUR LA PEINTURE, épîtres en vers, brochure in-8° imprimée à Paris chez Villier, et tirée à un très-petit nombre d'exemplaires.

Marc n'était pas né poète : il n'avait ni l'imagination, qui est la source de toute poésie; ni la phrase musicale, qui appartient à la langue des dieux; ni les délicatesses de pensée, qui sont en quelque sorte le savoir-vivre des Muses. Mais ses connaissances littéraires étaient étendues; il jugeait très-sainement des ouvrages de l'esprit, et ses débuts ne furent pas sans succès.

Les Quatrains moraux ne sont pas, du reste, une œuvre purement littéraire; l'auteur qualifie son livre *Manuel de l'adolescence*, et ses principaux remaniements ont eu pour but d'en mettre les pensées morales en rapport avec les institutions républicaines. La préface de ce petit livre révèle de l'érudition, et Marc y découvre, en quelques mots, ses intentions philosophiques : « Nous pensons avec Voltaire, dit-il, que la vraie « morale n'est point dans la superstition, et qu'elle ne doit rien « avoir de commun avec les dogmes. »

L'opinion que nous avons exprimée sur le talent poétique

de Marc nous permet d'oublier, sans remords de conscience, dans la liste de ses ouvrages, quelques épîtres et poésies fugitives insérées dans l'*Almanach des Dames*, dans l'*Album franc-comtois*, et même dans les *Mémoires de l'Académie dë Besançon*.

Marc s'occupa plus heureusement de travaux historiques. Nous plaçons en première ligne, par ordre de mérite comme par ordre chronologique, un volume in-8° imprimé en l'an XI sous le titre de : LETTRES ÉCRITES SOUS LE RÈGNE D'AUGUSTE, *précédées d'un précis historique sur les Romains et les Gaulois*, réédité en 1808, Paris, Léopold Collin, sous ce titre : MÉMOIRES HISTORIQUES, ou *Lettres écrites sous le règne d'Auguste.*

Voici comment un prospectus de la librairie Ducauroy, en 1803, s'explique au sujet de ce livre. Nous copions d'autant plus volontiers que nous nous tromperions fort si ce n'était Marc lui-même qui se fût chargé de nous expliquer le plan et les intentions de l'auteur :

« On a d'excellents voyages dans l'ancienne Grèce, d'excellents
« voyages dans la moderne Italie. Il manque à la littérature
« française un voyage dans l'Italie des Césars. En attendant
« qu'une plume laborieuse et savante se livre à ce travail inté-
« ressant, les lettres que nous publions en offriront une esquisse.

« Elles sont adressées d'amis à amis. La plupart sont dans
« le genre des *Lettres à Emilie*. Le principal auteur est un jeune
« Gaulois qui a pour amie une femme versée dans les beaux-
« arts : aussi voit-on qu'il saisit toutes les occasions qui peuvent
« flatter son penchant. Né à Marseille, cité alors la plus floris-
« sante des Gaules, il quitte sa patrie après la journée d'Actium,
« va à Rome, y observe les mœurs, les coutumes et les usages
« des Romains, assiste à leurs assemblées, à leurs jeux, à leurs
« fêtes ; se rencontre avec leurs grands hommes, leurs philo-
« sophes, leurs prêtres, leurs artistes ; reçoit des morceaux de
« littérature, qu'il envoie à son amie. Les monuments publics,
« tels que les temples, les palais, les bibliothèques, les cirques,
« les bains, fixent son attention.

« Les diverses productions des arts l'engagent dans quelques

« dissertations succinctes, et produisent l'enthousiasme qu'il
« met quelquefois à en parler. Dans ses récits, il sait amener
« des détails curieux sur les mœurs, le culte et les usages de
« son pays. Il fait de petits voyages qu'il décrit dans un genre
« léger, coupant par des vers la monotonie de la prose. Quand
« il écrit à son amie, il suit la même méthode : l'agréable est
« toujours joint à l'utile. »

Nous n'avons rien à ajouter, sinon que l'ouvrage de Marc
pourrait être utilement réédité si l'on en supprimait l'*agréable*.

Plus tard, il a publié les ouvrages ci-après :

Quelques vues qui pourront servir à la solution de cette ques-
tion : QUELS SONT LES MOYENS D'AUGMENTER LA PRODUCTION
DU BOIS? Vesoul, 1805, in-12.

L'INDUSTRIE, ode; Vesoul, 1806, in-4°.

NOTICE HISTORIQUE SUR LE PORT-ABUCIN; Vesoul, 1807, in-8°.

NOTICE HISTORIQUE SUR LA VILLE DE VESOUL; Vesoul, 1807,
in-8°.

INSTRUCTION ÉLÉMENTAIRE ADRESSÉE AUX CULTIVATEURS DE
LA HAUTE-SAÔNE, *sur l'éducation et la conduite des moutons-*
mérinos; Vesoul, 1809, in-8°.

LETTRE SUR L'ÉDUCATION DES ABEILLES, *aux cultivateurs de*
la Haute-Saône; Vesoul, 1809, in-12.

ESSAI HISTORIQUE ET STATISTIQUE SUR L'AGRICULTURE DU
DÉPARTEMENT DE LA HAUTE-SAÔNE, discours couronné, en 1809,
par la Société d'agriculture du département de la Seine. Cet
intéressant mémoire, de 75 pages in-8°, imprimé à Vesoul en
1811, contient l'exposé comparatif de la situation de l'agriculture dans la Haute-Saône à cette époque et cinquante ans
auparavant. L'auteur, du reste, s'était volontairement gêné dans
son cadre, et c'est en quelque sorte pour se dédommager de
cette contrainte qu'il renvoie dans des notes ce qui concerne
l'état des personnes, les mœurs, les droits civils et politiques, le
bien-être enfin des cultivateurs, avant la révolution de 1789,
et il en conclut que *plus on s'est éloigné du régime féodal, plus*
les mœurs se sont épurées.

II.

Arrivé à l'âge de trente-six ans, Marc sentit la nécessité de se créer une position. Il demanda et obtint, le 7 janvier 1811, un brevet de surnuméraire dans l'administration des contributions indirectes.

Le 15 août 1812, il fit, en qualité de secrétaire perpétuel, à la séance publique de la Société d'agriculture, un rapport sur les travaux accomplis par cette Compagnie depuis la publication du second volume de ses mémoires.

La Société d'agriculture avait alors ses détracteurs, et les plaisants l'épargnaient d'autant moins qu'ils voyaient ricocher contre son secrétaire perpétuel une partie de leurs épigrammes. Aussi trouve-t-on dans ce discours, à la fois, quelques mots à l'adresse des *frondeurs d'une modeste association d'hommes de bien, qui rivalisent d'efforts pour la prospérité publique, et qui répondent aux clameurs de l'ironie par des faits utiles à leur pays,* ..... et cette verte réponse aux insinuations dirigées plus spécialement contre le secrétaire perpétuel :

« Faut-il enfoncer de sa propre main le soc dans le sein de
« la terre pour connaître les principes fondamentaux de l'agri-
« culture, ou, pour me servir d'une comparaison, faut-il opérer
« sur le terrain pour apprendre les plus importants théorèmes
« de la géométrie? Dans toutes les études, la lecture et la médi-
« tation ne sont-elles pas les premiers mobiles du succès, et
« l'économie rurale n'est-elle donc pas une étude? Columelle
« avait-il tort de s'étonner que tous les arts de luxe eussent
« des maîtres, de son temps, et que l'art le plus nécessaire à la
« vie n'eût ni disciples pour l'apprendre ni maîtres pour l'en-
« seigner?

Nous ne saurions dire s'il y a plus d'indulgence aujourd'hui pour les agriculteurs de l'ordre administratif; mais ce qu'il y a de sûr, c'est qu'ils s'émeuvent moins facilement qu'en 1812. C'est un progrès.

Marc appliquait d'ailleurs à l'agriculture, avec beaucoup de bon sens, cette maxime :

Les succès durables sont les fruits de la patience.

Un autre mémoire de Marc sur l'agriculture, dont nous ne connaissons pas exactement la date, mais qui paraît remonter aussi à 1812, est intitulé : APERÇU DES RESSOURCES AGRICOLES DU DÉPARTEMENT DE LA HAUTE-SAÔNE, ET DU DÉVELOPPEMENT DONT ELLES SONT SUSCEPTIBLES. Ce mémoire, de 44 pages, forme deux parties indiquées par ces titres : *1° L'agriculture suffit-elle aux besoins des habitants de la Haute-Saône ?* C'est le côté historique et statistique de la question. *2° Quels sont les moyens de donner à l'industrie rurale de ce département tout le développement dont elle est susceptible ?* C'est le côté pratique.

« Nos cultivateurs, dit-il à ce sujet, se méfient des innova-
« tions ; ils les regardent comme dangereuses, à moins que
« l'expérience ne leur démontre l'utilité qui en résulte. Peut-
« être ont-ils raison : tant de gens proposent des améliorations
« dans l'économie rurale, qu'il n'est pas une partie de cette
« science qui ne serait bouleversée si on les écoutait. »

Le 19 décembre 1812, Marc fut envoyé à Gray comme employé salarié des contributions indirectes.

A cette époque, il avait conçu le plan d'un annuaire du département de la Haute-Saône. Il en réunit les matériaux, les mit en œuvre, et fit imprimer son annuaire à Gray, en 1814, en un volume in-8°. Mais la Restauration venait de s'accomplir ; pas un exemplaire n'était sorti des mains de l'éditeur, et déjà la première partie du livre, concernant l'organisation administrative du département et les noms des fonctionnaires, appartenait à une autre époque politique. C'était une édition perdue !

Cependant la nécessité rend inventif. L'imprimeur, Barbizet, se hâta de réimprimer la première partie, composée de noms nouveaux et enrichie de beaucoup de chevaliers de Saint-Louis. Les mots *impérial* et *impériaux*, peu fréquents dans la seconde partie de l'ouvrage, furent simplement biffés d'un trait de plume. L'annuaire ainsi rhabillé parut, et il eut incontinent la bonne fortune d'obtenir une très-honorable distinction du Ministre de l'intérieur.

Dans les hautes régions du pouvoir, on voit d'un coup d'œil les vastes horizons; dans les administrations tracassières et ombrageuses des petites villes, on voit tout à travers la lentille d'un microscope.

Or l'éditeur, dans sa précipitation à refaire la première partie de l'annuaire, n'avait pas pris le temps de se procurer les signes typographiques conventionnels désignant les chevaliers de Saint-Louis, et il y avait suppléé par des astérisques, oubliant, le malheureux ! qu'au bas de la page 35, appartenant à la partie conservée, dans une note correspondant au titre RÈGNE ANIMAL, il avait précédemment imprimé :

L'astérisque indique les espèces les plus rares.

Et voilà Marc accusé d'irrévérence à la croix de Saint-Louis et de perfidie politique, et bientôt après destitué.

Périsse en effet l'astérisque plutôt qu'un principe.

Marc, toutefois, protesta de son innocence, vint à Vesoul intéresser ses anciens amis en sa faveur, et la chose, une fois expliquée, parut d'abord beaucoup moins grave, et enfin pas du tout criminelle. Il fut en conséquence réintégré dans sa place et envoyé à Remiremont.

L'annuaire de la Haute-Saône étant, par son étendue et par sa valeur intrinsèque, la seconde œuvre de Marc, nous ne pouvons nous dispenser de donner une idée d'un livre qui aura bientôt trois frères cadets, et de réclamer une place à l'ombre pour la silhouette de l'aîné. La table des matières remplira, pour cela, suffisamment notre but, en faisant connaître le plan de l'ouvrage :

CHAPITRE 1er. — *Topographie proprement dite.*

Situation et étendue. — Propriétés naturelles du sol. — Hydrographie. — De la température et des météores. — Productions spontanées.

Chapitre 2. — Agriculture.

État ancien et progrès depuis cinquante ans. — Principales améliorations à introduire dans l'économie rurale du département. — Aperçu des ressources agricoles du département.

Chapitre 3. — Industrie.

Industrie et commerce. — Exploitation et emploi des substances minérales. — Emploi des substances végétales. — Emploi des substances animales. — Impôts indirects. — Navigation intérieure. — Cadastre. — Ponts et chaussées. — Notions sur le pisé. — Système métrique.

L'ouvrage comprend enfin une carte du département, réduite et dessinée par l'auteur d'après Cassini et Chrysologue, et se termine par un tableau des communes, accompagné de notices historiques et biographiques.

Nommé receveur-entreposeur à Mirecourt le 1er mai 1831, Marc fut appelé en la même qualité, le 1er juillet suivant, à Remiremont.

Là commence une nouvelle phase de sa vie active et laborieuse.

Avant d'y pénétrer, il nous reste à citer ses ouvrages d'une date antérieure :

Dissertation sur les monuments d'antiquité du département de la Haute-Saône ; Vesoul, 1816, in-8°.

Épître sur le paysage, publiée d'abord dans le *Mercure*, insérée par extrait dans le *Moniteur*, et reproduite en 1820 dans l'*Almanach des Dames*. Cet opuscule a été réédité, en 1829, dans le format in-8°, non à Paris chez Auguste Guérin, comme l'indique la *France littéraire*, mais à Remiremont, ainsi que l'atteste un exemplaire conservé dans la bibliothèque franc-comtoise de M. le président Bourgon.

La Crémaillère, *épître à un ami sur la critique en matière de poésie* ; Remiremont, 1825, in-12.

Épître sur la charité, *à la sœur Marthe* ; Epinal, 1825, in-8°.

III.

Frappé dans ses plus vives affections par la perte de ses deux fils, morts, l'un en 1821, à l'âge de vingt-un ans, l'autre en 1827, à l'âge de vingt-six ans, Marc perdit, avec la joie du cœur, l'inspiration poétique. Mais son âme généreuse, au lieu de se laisser abattre par le malheur, ou irriter par le bonheur des autres, excita en lui au plus haut point l'amour de la jeunesse. N'ayant plus d'enfants à aimer, il adopta, dans son cœur, les enfants de tout le monde.

Membre du conseil d'administration du collége, il visitait fréquemment cet établissement ; stimulait, pour arriver à une meilleure direction des études, le zèle de ses collègues et du conseil municipal ; il assistait à tous les examens semestriels et parvenait à inspirer à la fois aux maîtres et aux élèves l'amour de la science dont il était lui-même animé.

Lorsque la loi du 28 juin 1833, ce grand monument de l'instruction primaire, ouvrit une voie nouvelle à l'enseignement, Marc fut nommé secrétaire du comité supérieur de surveillance de l'arrondissement de Remiremont, et il s'appliqua à cette tâche avec le zèle le plus ardent et le plus dévoué. Il en exagéra même les devoirs et les sacrifices.

Deux fois par mois, il réunissait des instituteurs en conférence, discutait avec eux les meilleurs procédés pédagogiques, en introduisait l'usage et en surveillait les résultats. Il fit instituer des prix à décerner aux élèves par suite d'un concours à deux degrés, d'abord entre les élèves d'un même canton, puis entre les lauréats cantonaux de tout l'arrondissement. Il abandonna enfin, pour acheter des livres aux indigents, les frais de bureau qui lui étaient alloués comme secrétaire du comité supérieur.

Lors de la formation de la bibliothèque d'Epinal, il était

demeuré au district de Remiremont une certaine quantité de livres. Abandonnés depuis, sans ordre et sans surveillance, pendant de longues années, ces livres avaient été en partie dilapidés, et restaient sans destination quand Marc obtint l'honneur d'être institué bibliothécaire de ces débris. C'était en 1825. A l'aide d'une subvention municipale, il combla les lacunes les plus regrettables, il sollicita des dons, se recommanda aux ministères, sacrifia à sa bibliothèque son traitement de bibliothécaire, et dix ans après la ville avait une bonne bibliothèque de 5,000 volumes.

Ces services ont mérité à Marc l'estime et la reconnaissance de tous les habitants de Remiremont, où sa mémoire est vénérée. Ils avaient fixé l'attention du Ministre de l'instruction publique. Marc reçut, à titre de témoignage de haute satisfaction, un exemplaire du magnifique ouvrage intitulé : *Le Musée des antiques.*

Le Préfet des Vosges, frappé lui-même de la valeur de semblables services, proposa, pour la décoration de la Légion-d'Honneur, Marc, dont les titres antérieurs de membre de l'Académie de Besançon, de secrétaire perpétuel de la Société d'agriculture, sciences et arts de Vesoul, de membre de la Société des antiquaires de France et de la Société royale d'agriculture, se trouvaient alors oubliés.

Malheureusement, la mort avait marché plus vite que le retentissement d'un dévouement modeste. Marc mourut quelques mois après son admission à la retraite, le 29 juin 1845, et, le 23 juillet suivant, le Préfet d'Epinal recevait du ministère de l'instruction publique la lettre suivante :

« Monsieur le vicomte,

« Vous m'avez annoncé le décès de M. Marc, secrétaire du « comité supérieur d'instruction primaire de Remiremont, que « vous aviez recommandé à M. le Ministre pour la décoration, « spécialement par votre lettre du 15 juin dernier. J'apprends « avec regret le malheureux événement qui ne permet plus de

« récompenser les honorables services que vous signaliez
« récemment. M. Marc allait recevoir le prix que méritait le
« zèle si constant qu'il a témoigné pour les progrès de l'ensei-
« gnement. M. le Ministre comptait, je le sais, le proposer au
« choix du Roi lors du plus prochain travail sur la promotion
« dans l'ordre de la Légion-d'Honneur. J'aurais été bien heu-
« reux, pour mon compte, de concourir au résultat que vous
« appeliez de vos vœux, et de seconder vos vues à l'égard d'une
« personne si estimable, pour laquelle vous aviez plus d'une fois
« renouvelé vos recommandations. »

Et maintenant nous aurons la conscience d'avoir fait, pendant
notre passage de quelques mois à la présidence de la Société
d'agriculture, sciences et arts du département de la Haute-
Saône, une œuvre utile à cette compagnie, puisque nous venons
de payer pour elle, dans la mesure de nos forces, une dette de
reconnaissance.

Vesoul, typographie de L. Suchaux.